NIQUITAO Y SUS ROSTROS APAGADOS

Cuerpos descubiertos y maltratados, protegidos con coraza era el sentimiento de rencor hacia la sociedad y la angustia de no ser escuchados.

MILENA MARÍN

Copyright © 2023 Milena Marín

Todos los derechos reservados.

ISBN: 978-1-7340967-5-0

Publicado en Connecticut por Manuscritos Publishing©

¡No escondas tus Manuscritos, publícalos!

www.manuscritospublishing.com

Los libros están disponibles por el autor y el editor,
o puede pedirle a su librería local que los ordene.

Dedicación

Este libro está escrito en honor a todos los niños y niñas que nacen en áreas altamente vulnerables y que los gobiernos ignoran esta realidad, excluyéndolos y dejándolos en la oscuridad.

Es una advertencia a la sociedad y un llamado de esperanza para aquellos de nosotros que tenemos la capacidad de cambiar el destino de estas criaturas y cuerpos que han cicatrizado incluso antes de nacer.

Reconocimientos

Esta experiencia ha sido muy gratificante y enriquecedora, pues en Manuscritos Publishing te brindan la seguridad y confianza que se necesita para que tengas la motivación de darte a conocer como escritora, además, ingresas a un proceso de aprendizaje o de exploración de tu propio ser y tu propio pensamiento, de esta manera te vas dando cuenta de lo mucho que quieres decir y que lo dejas plasmado en tu alma y en tu pecho.

El proceso de escritura es muy interesante, ya que, estas reflejando en el papel todos aquellos sentimientos y sensaciones que se te generaron a partir de una experiencia.

Sin embargo, es frustrante cuando otras personas te leen y no es clara la idea que quieres expresar, por esto en el proceso aprendí a ser flexible con mis ideas y a utilizar palabras más globales logrando así escribir para otros y no sólo para mí.

En Manuscritos Publishing, aprendí a expresar toda mi pasión en cada una de las líneas de este libro que acabo de escribir. Recomendaría a Manuscritos Publishing porque es una escuela de confianza, seguridad en ti mismo y en el contenido de tu escrito y porque es una entidad seria, responsable y comprometida.

Agradecimientos

En este momento de reflexión quiero dar gracias a Dios por poner en mi vida personas especiales y guías que hicieron posible materializar un sueño. Jacqueline Torres, quien se convirtió en mi amiga y mi maestra de redacción. Gracias por tanto apoyo y cariño.

Quiero agradecer a mi compañera y amiga Liliana Correa, quien recorrió las calles de Niquitao a mi lado viviendo esta experiencia.

Gracias infinitas a mi esposo y mis hijas que han sido mi roca de apoyo durante tantos años de academia y de deseos de convertirme en escritora.

Mis hijas Sara y Ana que son lo mejor de mí y que siempre creen en cada proyecto que emprendo, quienes me acompañan en noches de insomnio tratando de construir párrafos que puedan hilar la historia que tengo en mis entrañas.

Tabla De Contenido

Dedicación...i

Reconocimientos ii

Agradecimientos...iii

Introducción... 5

Capítulo 1: Niquitao: Un fantasma en el centro de la ciudad 7

Capítulo 2: Los límites de la pobreza y el maltrato extremo...................... 13

Capítulo 3: Un mundo lleno de envases vacíos 19

Capítulo 4: El oprimido y la esperanza... 25

Capítulo 5: Experiencias que pasaron como una guillotina........................ 31

Capítulo 6: Titiritambo: El aula de los sueños.. 35

Capítulo 7: El efecto de vulnerabilidad en la condición humana................ 53

Capítulo 8: Cuerpo: La problemática social y el absoluto abandono......... 57

Conclusión.. 69

Bibliografía.. 72

Biografía.. 73

Introducción

Esta es la narración de mi experiencia pedagógica, la cual tiene su génesis en la interacción con niños, niñas y adolescentes en condición de vulnerabilidad en el sector de Niquitao, una zona de Colombia en la ciudad de Medellín, la cual es conocida como la ciudad de la eterna primavera, la tacita de plata y la capital de la montaña.

Se consolidó como la segunda ciudad más importante del país en las últimas décadas y fue catalogada como la tercera mejor ciudad del mundo, por su gastronomía, turismo y su clima.

Su población es de 2'653.729 habitantes, es una ciudad grande, organizada y sobresale como uno de los principales centros financieros, industriales, comerciales y de servicios en Colombia, primordialmente en el área textil, metalmecánico, eléctrico y electrónico.

Colombia es un país soberano, situado en la región noroccidental de América del Sur. Reconocido por la riqueza en sus tierras, por su agricultura y por su delicioso café; y si hablamos de su literatura registraremos a Gabriel García Márquez y su obra maestra *Cien años de soledad*, galardonada con el premio Nobel de Literatura.

En la música destacamos a Shakira, Maluma y J. Balvin. Y ni hablar de su gente, personas trabajadoras, amables y felices, que, aunque llevan más de sesenta años sumergidos en un conflicto armado, en una guerra asimétrica de baja intensidad entre grupos guerrilleros de la extrema izquierda, grupos paramilitares de la extrema derecha y el gobierno colombiano; siempre sonríen y sus ojos desbordan esperanza, amabilidad y mucha templanza para sobrellevar los abusos y la violencia.

Soy egresada de la Universidad de Antioquia, entidad pública, reconocida como la mejor entidad académica de Medellín, pertenezco al programa de Licenciatura en Humanidades y Lengua Castellana, ingreso a la Universidad con el deseo latente de ser Maestra, de cambiar el mundo y dejar huella.

En mi pensamiento solo se encuentran expectativas y pretensiones de entregar lo mejor de mí.

Así inicia este recorrido, en las aulas de la facultad de educación, cursando los últimos semestres y buscando un lugar para realizar la práctica pedagógica.

Y así es que conozco a *La escuela busca al niño(a)*, un programa como estrategia de inclusión que hace parte del Fondo de las Naciones Unidas para la Infancia (UNICEF) y pretende llegar a poblaciones compuestas por niños y niñas con alto grado de vulnerabilidad.

Ahí se propone a Niquitao como escenario para realizar una heroica labor, atraerlos a la escuela y lograr que permanezcan en ella. Y necesitaban maestros y maestras llenos de sueños, de ilusiones y de ganas, así fue como quedé sumergida en este lugar.

La historia que quiero narrar en este libro, parece haber estado enmarcada muchos años antes de llegar a la Universidad.

CAPÍTULO 1

Niquitao: Un fantasma en el centro de la ciudad

Niquitao, siempre mencionado, conocido y constantemente temido por los habitantes de Medellín.

Recuerdo escuchar a mi padre cuando pasábamos por los alrededores de ese lugar, con una voz baja y en tono ansioso advirtiendo: *No mires para allá, ellos son ladrones y viciosos* y así fuimos creciendo generación tras generación, con ese fantasma en el centro de la ciudad, un temor que se fue convirtiendo en curiosidad.

En ocasiones, pasaba por Niquitao y miraba descuidadamente y veía a esas personas que parecían no pertenecer al mundo en el cual yo habitaba.

Es así como pasan los años y te vas acostumbrando a ver las cosas tal cual te las cuenta tu familia, tus maestros, tus amigos, en fin, esa sociedad que conformas y mientras creces no te interrogas sobre la verdad o la falsedad de esas historias, solo crees y las interiorizas haciéndolas parte de tu formación.

Y ahí en ese rincón de Niquitao, en una esquina de la ciudad, me encontré un día llena de miedo, pues me enfrentaba a ese mundo que había temido desde niña por lo que había escuchado de la boca de mi padre en tantas ocasiones; con ganas de entregar todo lo que había aprendido durante cinco años en la universidad.

Con expectativas de llevar a esos niños y niñas a la escuela y que se formaran para ser mejores que sus padres, con inseguridad de no lograr el objetivo y con mucha curiosidad de descubrir un mundo desconocido, peligroso, marginado y excluido por la sociedad que conocía hasta ese momento.

La práctica adquirida con la población planteó el reto de ser más que una observadora pasiva para dar cuenta de un trabajo investigativo, en el cual la participación personal se devela en cada uno de los renglones escritos.

La experiencia de la práctica como espacio permanente de interacción intra-inter subjetiva postuló la conversación de voz y cuerpo como medio y fin de un permanente acto de recreación de sí mismo.

En consecuencia, con el propósito de difundir la vivencia, dando el lugar y la voz a todos y cada uno de los que hicieron parte del proceso, retomando los postulados de la investigación narrativa, cuyo enfoque permite hablar desde la subjetividad en diálogo con otras subjetividades enmarcadas en contextos socioculturales y teóricos vigentes.

A propósito, como menciona el escritor y profesor de filosofía Jorge Larrosa, *necesitamos un lenguaje para la conversación. No para el debate, o para la discusión, o para el diálogo, sino para la conversación.*

No para participar legítimamente en esas enormes redes de comunicación e intercambio cuyo lenguaje no puede ser el nuestro, sino para ver hasta qué punto somos aún capaces de hablarnos, de poner en común lo que pensamos o lo que nos hace pensar, de elaborar con otros el sentido o el sinsentido de lo que nos pasa.

Pues se pretende que nada de lo vivido se pase por alto, ya que, en cada pequeño acontecimiento se entrelaza el próximo, generando así un tejido donde cada hilo será necesario.

Estos renglones llenaron las expectativas, pues la experiencia pedagógica era necesaria conversarla y compartirla con otros maestros en formación, ya no se trataba sólo de una observación pedagógica, sino una experiencia constructora de sentido, tanto personal como profesional.

Ahora bien, el problema a enfrentar se batía en tres escenarios; la experiencia de vida y la narración de los recuerdos, el contexto académico de los niños y los juegos de verdad que se acostumbraban día tras día, además de una investigación formativa necesaria.

Todos unidos y tan relacionados que en cada una de las narraciones se encontraban fragmentos que hacían parte de los cuerpos que estaba descubriendo en el contexto, pues fue la narrativa la que permitió internarme en un mundo extenso, lleno de violencia, extrema pobreza y abusos, en el cual los niños y niñas de Niquitao eran protagonistas.

Historias que fueron contadas por cada uno de ellos. Así como Lina, quien desde los 9 años se había dedicado a recorrer las calles en las noches. Su mamá había muerto y quedó sola con su abuela *sin Dios ni ley.*

Tan cruel como la historia de Melissa y Cata que habían sido entregadas al gobierno colombiano por maltrato y descuido por parte de sus padres, ahora estaban al cuidado de otros familiares, pero todas las mañanas evocaban ese maravilloso momento en el cual su madre volviera por ellas, sin saber que ya su mamá era una *habitante de calle* y que por su condición ya ni las reconocía.

Pues es claro que la narración implica un modo de conocer y así lograr contar esas historias que te apasionan y te llenan el alma.

Esta narración involucra una forma de escritura, un relatar de una construcción de conocimientos, una forma diferente de escritura académica.

Esta manera especial que ofrece la narrativa para contar, para convertirlo en cuento o en crónica, quizás en denuncia; esto es lo que cautiva. Realmente *el cuerpo* (ampliaré este concepto en otros capítulos) encontrado en Niquitao, no permitía exponerlo de manera diferente.

Aquí quedan plasmadas las constantes reflexiones y tensiones que se producían al enfrentar cada mañana a esos cuerpos descubiertos y maltratados, pero también protegidos con corazas, las cuales traspasaban en algunas ocasiones sus corazones.

Esta historia está dividida en varios capítulos y cada uno conformado por memorias, reflexiones y sentimientos difíciles de pasar por alto, es una narración que alterna el tono poético literario con cierto formalismo académico.

Aquí se desvela una lucha constante entre escritura y pensamiento, ya que, en ocasiones las reflexiones que pasaban por mi mente eran tan profundas y significativas para mí, que la descripción escrita no alcanzaba para llenar mi alma de satisfacción con lo plasmado en el papel.

Entonces, no es un estilo de escritura lineal, pues cada párrafo se daba el derecho de entrar y salir de la historia como si tuviera voluntad propia, algunas veces el lector o lectora de este libro se interrogará sobre la relación de estos con el asunto de investigación; sin embargo, son historias que se negaron a dejarse pasar por alto, en tanto eran voz viva del asunto.

Esta recopilación de experiencias de una práctica pedagógica se convierte hoy en la historia no solo propia, sino de muchos de esos niños y niñas que me permitieron permanecer durante un año y medio en sus vidas.

Pero este recuerdo se vuelve perpetuo al revivir todas aquellas experiencias, conocimientos y sensaciones que hicieron parte de mi vida y que pasaron como una guillotina partiendo mi historia en un antes y un después.

Tanto sufrimiento reflejado en los ojos de seres que no pidieron llegar al mundo y que fueron lanzados al bullicio de un sector que no les prometía nada para su futuro, esos seres que tuvieron que enfrentarse a la desesperanza de no tener fe para levantarse día tras día, porque la crueldad era tanta que parecía que Dios se hubiese alejado de ese lugar.

Mientras tanto, yo tenía dos hijas pequeñas Sara con 9 años y Ana María con 5 años, sus rostros reflejaban amor y sus ojos brillosos demostraban un cuerpo sano y amado, seguramente con un futuro prometedor por delante, con padres que no dudaban en demostrarles su amor todo el tiempo y que les proporcionaban un hogar saludable, lleno de amor, esperanza y fe. Esta situación me confrontaba todo el tiempo y me hacía sentir realmente triste y en ocasiones culpable.

CAPÍTULO 2

Los límites de la pobreza y el maltrato extremo

Para atender una cultura se necesita comprender primero el lugar que en ella ocupa la muerte.

Era una tarde azulina, y yo estaba ubicada en el Barrio San Lorenzo para desarrollar la práctica pedagógica, la verdad estaba allí únicamente para llenar el requisito y así lograr graduarme después de haber estudiado durante 5 años la Licenciatura en Lengua Castellana.

Además, con la tarea de indagar por aquellos niños, que, por alguna razón, no estaban en la escuela. Siempre temerosa y segura de encontrarme con lo peor de Medellín. Un barrio inmerso en dinámicas de violencia, desplazamiento, explotación infantil, laboral y sexual, drogadicción, prostitución y extrema pobreza; donde abundan las plazas de vicio, degradación y muerte.

Es lo que se dice en la ciudad, es lo que hablan los padres y los abuelos. La historia de Niquitao desde hace muchos años habla en lenguaje muerto, pues parecía que tuviera ningún hablante, que no encontraba quién entendiera lo que era necesario transmitir; ésta figura como un monstruo citadino, y se cuenta que sus calles consumen a los transeúntes. *Niquitado,* hasta su nombre nos alcanza como una sombra diabólica.

En la universidad aprendemos de teorías: literarias, lingüísticas y pedagógicas; pero poco aprendemos sobre la problemática social que se presenta en nuestra ciudad, los problemas de tolerancia, convivencia y de derechos vulnerados.

El barrio me sorprendió con esta clase magistral. Las nuevas ilusiones se quebrantaron al vivir el absoluto abandono en el que este cuerpo se encuentra.

Las voces de auxilio que emitían los integrantes de Niquitao, pocos las escuchan, ni siquiera se alcanzan a oír en el Centro Administrativo del Valle de Aburrá donde se encuentran los grandes poderes y los altos legislativos de la ciudad: el alcalde, el gobernador y toda su cúpula con más de 1000 oídos de poderosos gobernantes, y aunque sólo los separan 500 metros, la distancia se hace infinita.

En esas visitas a Niquitao, atravesaba por muchos momentos difíciles: las calles me aterraban, los inquilinatos me aterraban, incluso la gente me aterraba.

Presté atención de nuevo a sus rostros, la indiferencia hacia el mundo, su odio acumulado; escuché y observé sus historias, en cada una de ellas, se encontraban las voces de sus cuerpos, que expresaban más de lo que el sujeto mismo dice, cuerpos metamorfoseados por el entorno, con las mismas marcas, las mismas señas, las cicatrices del dolor y del mal vivir, compartían hasta el mismo olor del sector, emanaban el aroma a descuido, abandono, humedad y desasosiego.

Se evidencia lo que se observa, el sujeto y con el sujeto el cuerpo, el cual ha sido desmembrado de su ser, pues éste se ha interesado por formas ajenas a la formación del sujeto. Se le ha tratado como herramienta efectiva para obedecer a un sistema elitista, interesado y materializado donde rige la ley del que más tenga dinero y posición social.

El deseo de considerar *el cuerpo* como escenario esencial de la experiencia del lenguaje, dando paso a la relectura del mundo y su significación. Encontramos un cuerpo en Niquitao, sombrío, absorto, gris, frio y espantado. Me refiero a más allá de la carne, es ese que aun siendo cuerpo no tiene alma y que ha sido maltratado por un sistema que lo oprime.

El tiempo se ha deslizado, el trabajo de campo, ha hecho que esta experiencia sea vivida desde relaciones más íntimas con los niños. Estar en su espacio más próximo y acercarse a las personas que de una u otra forma son su familia, me han llevado a comprender las relaciones intrafamiliares y su socialización que, de alguna manera, inciden en la formación de su ser.

Como el contexto físico y social intervienen en sus prácticas interactivas ordinarias y en algo fundamentalmente importante, la incidencia del entorno en su lenguaje, especialmente el corporal, sus marcas construidas socialmente, esas cicatrices que no están en su cuerpo, pero si marcadas en sus miradas, en sus gestos, en sus miedos, en su espíritu. Reflejo de las características, interacciones y conflictos sociales en los que están sumergidos.

Inquietud que me arrojó a la búsqueda de lecturas e interrogantes que permitieran establecer herramientas conceptuales desde el campo de la pedagogía; siempre relacionándolo con la problemática de la enseñanza y la pobreza.

La lectura de Freire permitió entender esta experiencia, como oportunidad para replantear las formas de abarcar los procesos de enseñanza-aprendizaje desde una manera más significativa, de modo que se lograra la dimensión intercultural e inclusiva de la educación de la que tanto habla este autor; único camino para afrontar el contexto de pobreza, de desesperanza, de opresión, frustración e indiferencia en los que están inmersos los niños, niñas y adolescentes de Niquitao.

Grabar, describir y ordenar en este escrito las situaciones que observé, que leí e intérprete en los cuerpos, el barrio, las calles, los niños sus miradas y gestos.

Impresiones sobre las cuales, se hacía necesario, abordar las ideas sobre la extrema pobreza, la regulación del orden social, la configuración de jerarquías, las relaciones de poder entre la sociedad, los procesos de fragmentación social evidenciados en estas poblaciones, expuestas a situaciones extremas de exclusión y vulnerabilidad.

Dejando al descuido una parte importante de la sociedad y llevándola al abandono y a la invisibilidad ante el resto de la población y de la administración del Gobierno Colombiano.

Reflexiono una y otra vez, en estas situaciones; hasta que al fin surgió en mi mente, liderar una propuesta de inclusión construida desde los testimonios corporales de los niños.

Entonces nace allí el taller de teatro: Titiritambo, un lugar que se acondiciona dentro de las instalaciones de la misma escuela llamada San Lorenzo, donde los niños y las niñas asistían casi todos los días buscando más que aprendizaje buscaban un poco de cariño y quizás algo para comer.

Este lugar se convierte en un bosque asombroso con paredes pintadas de colores llamativos y árboles frondosos y frutales, con cascadas de agua cristalina y habitado de hadas y duendes que llenaran este lugar de momentos maravillosos y mágicos, donde la propuesta será múltiples experiencias comprendidas desde un proceso escénico corporal.

En este nuevo lugar nuestros niños y niñas podrán convertirse en príncipes, princesas, guerreros y valientes caballeros con hermosas damiselas, pues es el lugar donde van a encontrar una propuesta real para salir de su realidad.

CAPÍTULO 3

Un mundo lleno de envases vacíos

San Lorenzo (Niquitao). Es un cuerpo sombrío y trasnochador. Hace ya 300 años que tiene el camellón de San Juan y la carrera 44, se nombra con números porque es así como en Colombia se reconoce la nomenclatura de sus barrios y de sus sectores.

Siendo las calles horizontales y las carreras verticales y así te puedes ubicar exactamente en la dirección que necesitas.

Niquitao, ha cambiado docena de veces su identidad, pasando por: Camellón de Guanteros, La Asomadera, Colón, Morro de las tres pencas, Camellón de la Chicha y la ciudad reciente le llama Niquitao.

Aloja tanto a hombres, mujeres, niños, y ancianos; su promiscuidad admite drogadictos, prostitutas, estudiantes, comerciantes, mecánicos, recuperadores de basura (recicladores), quienes, también han contribuido para instaurar la respetada costumbre de trasnochar.

Lo que seguramente, ha influenciado en el desarrollo de los desacreditados inquilinatos. Sin embargo, en los años 1660, época en que comienza su historia, San Lorenzo ya estaba predestinado a ser un lugar de paso, de distracción y permisión (todo está permitido, no hay reglas). Prácticas que siguen arraigadas en su presente historia.

Los detalles de este cuerpo lleno de impresiones y colores, se irán relatando en el recorrido. El punto donde se inicia esta experiencia es en el parque *el huevo* llamado así por su forma ovalada como el huevo de gallina, lugar donde se bifurcan varias calles.

Allí el aire es caliente, se forman cortinas de carbón que dan la impresión de reventar los ojos por la picazón y el enrojecimiento que provoca. No hay voces, el ruido de los autos, megáfonos y radios las apaciguan; aunque se grite, se desvanece en su intento por sobresalir.

La agitación de la gente rebota el aire y el vapor traspasa la manta gris; llega hasta las narices el hedor que expiden los cuerpos de sudor y aliento a cebolla. La nariz pica y hay que respirar livianamente para no nausear.

El barrio Colón, toma el nombre de Niquitao por la calle gris que lo atraviesa. El único blanco que resalta, es la inacabada construcción del espacio escolar, colegio que toma el nombre de San Lorenzo.

La carrera 44 es una calle de algarabía, el ruido es otro habitante más, uno se resigna a oír el ronquido de los autos, el quejido obsceno de los transeúntes, el grito del vendedor, el alarido de la madre que regaña a su hijo a una cuadra de distancia, el olor a orines y excrementos de humano, que se activan con el calor.

Las casas que se forman a uno y otro lado son en su mayoría de un solo piso, construidas en bareque y teja de barro; profundas y oscuras. Cuentan con más de seis cuartos, un patio y un baño; la cocina, la improvisa cada familia en su pieza, con una mesa de madera y un fogón pequeño.

Estas casas son transformadas en inquilinatos, en donde en cada pieza, puede vivir una familia. Las fachadas de las casas son un paisaje pintoresco, hay combinación de amarillo y azul, verde y amarillo, además tienen detalles de flores y el matiz envejecido que se adquiere con los años, al contemplarlas, inspiran una melancolía igual a la que provocan los corazones más sombríos y abandonados.

Las paredes, los techos y los pisos están en la más triste ruina. La vida y el movimiento son tan pasivos, que si no ingresas las crees deshabitadas, luego te encuentras con miradas frías y herméticas en sus rostros apagados y recuerdo una frase que leí en algún lugar, es feliz aquel que no quiere nada, que no se pregunta nada, que no sabe nada y que no se da cuenta de nada.

Este germen de melancolía existe en la fisionomía de muchos de los inquilinatos. En los días de calor, son sofocados constantemente por emanaciones fétidas; son oscuros, viejos, sucios, desagradables; principalmente, debido a que de los seis y hasta más cuartos se escapan olores a sábanas calientes y grasientas, es un aire húmedo y penetrante que atraviesa los pasillos. Las paredes de barro apestan a polvo y a excremento de rata, dando la impresión de que todo el edificio está muerto.

En este lugar, la economía no depende de tiendas o almacenes; sino más bien, de chatarrerías y talleres mecánicos, locales profundos, oscuros, desorganizados; sin adornos en el exterior. El oficio más común es el de recuperador, quienes terminan su trabajo antes de las dos o tres de la tarde quedando todo el resto de día con sus mentes desocupadas y dedicándose a ocupar esas calles haciendo parte del bullicio y de los expendedores de droga.

En los ojos de estos seres se refleja la verdad de una sociedad que los excluye, no son sólo los niños de este sector, son también sus familias. Esta situación trasciende a padres, tíos, abuelos, quienes, como ellos mismos lo dicen, sus familias los han rechazado; dejándoles como única opción llegar para vivir en un inquilinato de Niquitao.

Los niños crecen en un mundo lleno de envases vacíos, cartón aplastado y rostros desesperanzados. Todos tienen sus ocupaciones, por eso los niños son responsables de sus asuntos, aunque sean ajenos a sus cortas edades, sus ocupaciones siempre están encaminadas al bienestar de los adultos, pues sus cuerpos pequeños no existen en esta sociedad, solo llegan al mundo para lograr sobrevivir en una sociedad cruel y aislada para ellos.

Sus padres no hacen ningún esfuerzo para cambiar esta realidad. Pues ellos mismos se ocupan de explotar a sus propios hijos, y aparece allí la idea atroz de alquilar sus cuerpos para el sustento, pues vivir en Niquitao es un reto diario. Es una niñez perdida y no permitida, por el abuso sexual y laboral.

Algunos asisten a la escuela, pero la mayoría no; los espacios escolares quedan muy lejos. El barrio sólo tiene parques abandonados, el único concurrido es el parque El Huevo, siempre concurrido por vendedores de frutas, dulces o cualquier cosa que se ocurra que pueda ser negociada, habitantes de la calle y comerciantes de drogas. Único escenario recreativo para los niños, quienes crecen entre el penetrante olor del pegante, los límites de la pobreza y el maltrato extremo.

Día en Colón. Día soleado y pesado, calles tristes y desoladas. San Lorenzo se destaca por calles bifurcadas y diversidad de vivencias muy visibles, siempre en la calle, al aire libre, en donde cada persona se sienta en la acera y allí come, duerme y trabaja, sus olores se hacen normales para quienes se acostumbran, aunque alertan los sentidos.

Otras vivencias me trasladan al interior de sus cuartos donde presos de su entorno, encarcelan sus costumbres para no perderlas. Para aquellos que permanecen en la calle la lluvia es cruel, pero como siempre todos terminan por acostumbrarse. Los que habitan en los inquilinatos, no sienten esa lluvia, pues en la mayoría de las piezas hay máximo dos camas y duermen hasta siete personas, entonces el frío no es problema.

CAPÍTULO 4

El oprimido y la esperanza

Tarde polvorienta y agitada. Un lugar en donde se originan las relaciones con otros cuerpos. Conjurando el sueño de los que reposaron en estas paredes mudas; jugando bajo el infinito techo y a plena luz del medio día.

Puedo ver como en los encuentros en el parque del cementerio, los chicos más pequeños y en especial las niñas, además de ser callados, también son pasivos, se sientan y sólo esperan las instrucciones para las actividades; pero los chicos más grandes, pelean todos los días; el saludo, es la advertencia de que se pueden golpear; se llaman con sobrenombres, se dicen: *hijueputa sacolero* (se refieren así al consumidor de sacol que es un pegante para zapatos), *te voy a aplastar la cabeza.*

Pero, aunque se maltratan, al pasar los minutos vuelven a estar como antes, siempre jugando, sonriendo; no obstante, en sus juegos también son violentos; sin embargo, tal es el poder del cuerpo que va tejiendo sus espacios, en este escenario abierto; sobre el suelo pavimentado y caliente los niños traen otras realidades; ya no la de la muerte, del maltrato, la explotación y la tristeza, se está restituyendo en un escenario de juego, aprendizaje y gritería. Es sorprendente cuando se acercan y te abrazan para despedirse.

Pasaron alrededor de ocho meses en ese escenario caliente y olvidado. Cuando faltaba algún niño o niña, la misión era ir a buscarlo a su casa; lo que me dio la posibilidad de tomar consciencia y comprender la relación que se crean en su entorno más próximo, comencé a experimentar en nuestros pensamientos el efecto de vulnerabilidad en la condición humana.

El día ha envejecido. Son las diez de la mañana, pero el cielo presenta esas tonalidades negruzcas, que se producen en el alma, cuando el sol no la ha acariciado. Día frío y sin luz.

En los últimos ocho meses, el cementerio nos ha puesto en relación más estrecha con cuerpos interesantes y únicos, de los cuales, algo se ha escrito, pero se ha hecho de forma infundada: los niños de Niquitao. He conocido a muchos, corpórea e intrínsecamente; podría contar cantidad de historias que harían llorar a espíritus sensibles, ahuyentar a los moralistas e indignar a los más comprometidos.

Historias tales como la de David. Es un niño de 11 años, el más extraño que hemos conocido. Un ser indescifrable, sólo sé lo que atestiguan nuestros pasmados ojos, una nebulosa visión. Es un niño mediano, escuálido, de rostro moreno pálido.

Emitía las más inanimadas miradas, que indicaban, lo afectada que estaba su existencia. Había entonces en él una apaciguada, flemática, temeraria y distraída presencia. Su comida era la más descuidada o insignificante. Muchas de las mañanas que estuvo en el cementerio, sufrió constantes mareos. En esos momentos, su rostro se apagaba con más frío, como si se arrojara al polo de hielo antártico. Siempre silencioso, se deslizaba en el parque. Un niño apacible, poco deseoso de estar con los otros. Por sus ausencias, resolvimos, ir diariamente a recogerlo en su casa e invitarle, muy afectivamente, a las horas de juego.

Habita en un inquilinato por la misma calle del parque de Niquitao, con un pasillo oscuro y estrecho, piso de barro y paredes de material artesanal hecho de cañas y palos unidos con una mezcla de barro y paja; al lado derecho de la casa había más de seis piezas.

En una de éstas vive la familia de David; pero él no. A él lo hospeda el árbol enraizado en el patio del fondo; esta alta sombra algún alivio le promete. Es su lugar favorito, o el único que para él existe.

¡David! venimos por vos, queremos que nos acompañes al parque. Nunca respondía; pero siempre iba. Luego retornaba a su hogar, allí se abandonaba. Vinculado a este árbol, días y semanas rompe con el mundo que parece odiar. Sin noción de alegría, sobre los brazos del árbol, pierde el rastro vago de la vida.

También nos internamos en la historia de Lina, el primer cuerpo que encontramos y quisimos salvar.

Lina: yo la veía como una luz roja, como una luna desnuda. Su vida permanece en una lucha con la calle, desde aquel día que se escapó del internado, donde llevan a los niños que no tienen padres y que son problemáticos. La niña de 14 años, de ojos turbios y perdidos, piel morena opaca, tal vez por la desnutrición.

Brazos frágiles y piernas descarnadas, cuerpo pequeño y delgado. Hoy como siempre, hace lo posible por ganarle la pelea a la vida que le tocó vivir.

La conocimos un día que pasaba sentada en la parte de atrás de la camioneta del gobierno que pasa recogiendo a los niños que se la pasan en la calle sin Dios y sin ley.

El recuerdo trae la imagen de ese cuerpo impenetrable y desvalido, pero con una sonrisa pícara y agitando la mano como para saludar o despedirse de ese lugar, no lo sé. Pero ella no dura mucho tiempo en esos albergues, siempre termina escapándose en la misma semana que la llevan.

Ahora está en la calle. En las mañanas, animada por las clases que se dan en el edificio gris (el colegio), se ve jugar por los pasillos de la escuela. Quizás cuatro años atrás, antes de que un cáncer acabara con la vida de su madre; podría haberse visto camino a su casa, al encuentro con el almuerzo casero.

Pero no, sin madre y como se ha vuelto costumbre, su cuerpo lúgubre y huérfano se contonea con aire coqueto y desafiante; buscando un encuentro interesado con algún pasajero del viaje de la vida.

Tristemente se ve penetrar en las ruinas de las casas del barrio, de sus manos pequeñas, entre las uñas sucias, llama la atención una bolsita negra que sostiene y que dirige con constantes soplos a su boca. Lina se ha perdido en el oscuro túnel de la droga.

En este escenario aparece Nelson, tiene 11 años, la mamá los abandonó y él tiene un gran resentimiento con ella, pues dice: *mi mamá es una perra, se fue con otro sabiendo que mi papá le daba 15.000 pesos diarios, (esto equivale a 4 dólares americanos), es mucha perra y no me pregunte más por ella,* su padre vive con él, pero no se encarga de él; prácticamente es uno más de los habitantes de la calle.

Desconocido por nosotras, pero muy popular en el colegio. Ingresa al taller Titiritambo, porque lo llevó Lina, él es su amigo, siempre están juntos y sienten una enorme incomodidad cuando están distanciados solo por algunos centímetros.

Esta relación comienza a marcar una nueva etapa, pues cuando ellos están peleando la agresividad de Nelson aumenta y la ansiedad de Lina es alterada, hasta el punto de querer agredir a las personas que están en su entorno.

Es una relación que está encerrada en cuerpos tan pequeños, pero con aberraciones tan grandes. Pues nunca pudimos entender que pasaba detrás de esas frases frías, cuando los dos afirmaban ser sólo amigos.

Las constantes miradas de Lina dirigidas a Nelson son las que hoy nos interrogan y nos sorprenden, ¿qué ha pasado entre ellos, será que hay un enamoramiento entre ilusión juvenil y perversión de una inocencia interrumpida?

Hay un interrogante que suscita mi mente, ¿qué es para los niños el amor? A todos los seres humanos nos duele este sentimiento, pero que pasa ¿cuándo el sufrimiento es constante y le agregamos uno más? sobre todo cuando el otro permanece indiferente y ajeno.

Nelson y Lina no tienen la mente en el mismo lugar, sus pensamientos están en un viaje constante, un lugar diferente de donde reposan sus cuerpos. Están resolviendo una pelea interna, cada uno de manera inconsciente con su respectivo amigo. Se aman y sufren, eso es seguro.

CAPÍTULO 5

Experiencias que pasaron como una guillotina

Los problemas relacionados con el cuerpo han encontrado su expresión en la arquitectura, en la planificación urbana y en la práctica misma.

Mañana pálida y fría. Las maestras y yo iniciamos nuestra segunda práctica llegamos al colegio para acompañar el grado sexto. Fueron ocho semanas donde las clases se tornaron lentas, aburridas y patéticamente interrumpidas; los fines de los niños y niñas eran muy diferentes a los de nosotros.

Para ellos, estar en el colegio se convertía en una posibilidad de suplir una de las comidas del día, por tanto, nuestro interés que se limitaba en dar a conocer un saber específico, fue tirado a la basura y pisoteado.

Fue una sensación de no saber lo que estábamos haciendo en aquel lugar, pues el menosprecio de aquellos seres nos hacía sentir equivocadas.

Y recurro a la memoria para recordar en uno de esos días en los que la actividad era una lectura en voz alta, pues por la amenaza de la nota ellos prestaron un mínimo de atención, pero cuando terminamos de leer, se levanta una voz diciendo: *Eh profe* (así se refieren a los maestros, es el diminutivo de profesor), que gonorrea (es una forma despectiva para comunicar desagrado o burla) de cuento, todo se convirtió en angustia.

Queríamos mejorar las clases y tratar de abrir esos *cofres cerrados* por tantos años, estábamos abandonadas en las hábiles manos de aquellos diablillos; que cuando estaban con nosotras se callaban. Con su pesaroso silencio, dejaban una fría e irrespirable atmósfera. Optamos por retirarnos de allí, pero abandonarlos, jamás.

Sin duda esta situación nos llevó a comprender que debíamos proporcionar ciertos estímulos que causarían alguna impresión; un impacto asombroso.

Pues, las clases eran tan sólo, una más y poco les interesaba. Los jóvenes las tomaban como una rutina y ellos sentían gran timidez con las actividades, de hecho, pocos las realizaban y los otros, sólo las hacían cuando se hablaba de notas.

Es por eso, que en palabras que había leído antes, tanto el poeta como el maestro, han de preocuparse por sacar de las cosas, de la impura corriente en que pasan confundidas, su máxima expresión, la que en su esencia ellas traen consigo y esperan, con la paciencia infinita de un pescador, que se les permite existir en virtud del lenguaje.

Se trata de hacer de las cosas algo sublime, ilustre, inmortal, irrebatible, frente a la ceguera de los que miran, y más aún, se trata de hacer que aquellos que miran, pero no ven, vean para que no vuelvan a mirar. Esto es formar.

Y donde establecíamos nosotras estas hermosas palabras que habíamos leído alguna vez, estábamos ahí, ya casi sumergidas por eso que decíamos despreciar, esa enseñanza tradicional tratando de estar ciegas frente a lo que realmente interesaba en este entorno.

Entre quejas, discusiones y lecturas surge la necesidad de un espacio distinto, no mediado por la clase, por las notas que salen como resultado de una calificación netamente cognitiva estableciendo una calificación de 0 a 5, o por la sanción de no cumplir con las normas establecidas en la escuela que aún era desconocida para quienes la habitan.

Se reclamaba un espacio en el que los niños se pudieran expresar de forma libre y nosotros podríamos ganarlos para mejores prácticas comunicativas, mediadas por el respeto, el reconocimiento de sí mismo y del otro. Las ideas surgieron, al igual que las posibilidades de crear y creer.

CAPÍTULO 6

Titiritambo: El aula de los sueños

Jamás acepté que la práctica educativa debería limitarse sólo a la lectura de la palabra, a la lectura del texto, sino que debería incluir la lectura del contexto, la lectura del mundo.

Día amarillo, verde y alegre. Hoy se pone en ruedas un sueño, arranca el carrusel para inaugurar oficialmente: Titiritambo, nuestro taller de teatro.

La agonía crece a medida que las horas mueren. Con la llegada de Titiritambo se advirtió ciertas particularidades en los niños y niñas que pasaban por allí: caras frías y solitarias, transformadas en rocas, hundidos en el vicio, evasivas de las leyes y ampliamente miserables. La culpa, tiene que depender de su mundo espacial y de los problemas sincrónicos de una sociedad enferma en la que forzosamente les tocó existir.

No es de asombrarse; estos jóvenes no se permiten una caricia amistosa, de ternura; pero sí mantienen relaciones de fuerza y agresión. El mundo es demasiado indiferente ante sus ojos; en él nada les impresiona, pues no han exteriorizado interés alguno. Este suscito pensamiento nos devuelve a las horas pasadas. Se presentaron los trescientos o cuatrocientos niños y niñas todos expuestos a situaciones de vulnerabilidad. Con ellos, nos llegaron sus necesidades más fundamentales; las que nos pusieron a cuestionarnos en el lugar que ocupan, o más bien, el que la sociedad les ha asignado.

Ante este sombrío y melancólico paisaje, sólo les queda, para redimirse un poco; el sentimiento de rencor hacia la sociedad; el mismo sentimiento de rechazo al que ésta los somete. Su experiencia les ha enseñado a relacionarse a los golpes; a llorar, pero no a cantar; a gritar, pero no a hablar. De alguna manera, están atados y la necesidad de expresarse los ahoga; pero lo más importante, la angustia de no ser escuchados.

Cielo iluminado como el alma. Un alma febril, ansiosa y alegre. Siempre hemos tenido la esperanza de que *cuerpo* retorne a su ser, adquiera su alma. Es lo que nos mueve por Niquitao. Es el sueño utópico de todo docente recién egresado: cambiar la vida de algún cuerpo. Sin importar los resultados reales que se han señalados, nosotras nos lanzamos a encontrar situaciones de expresión, que de una vez por todas; suprimieran un poco la indiferencia y rechazo de sus días pasados.

Siempre se puede obtener y mostrar más atención para con ellos, se puede encontrar fácilmente, muchas razones para subir el peñasco. El desvelo necesario, que nos haga saber que lo que estábamos haciendo les interesaba y los impregnaba de aquella terquedad vuelta esperanza.

Entonces, nuestros ojos se vuelven no solo curiosos, sino investigativos y surgen interrogantes que no tienen nada que ver con la clase de español o de literatura, es más bien la necesidad de indagar sobre estos niños y niñas, sus cuerpos, sus marcas. Pues

¿son estos cuerpos el espejo de su entorno, son sus ojos opacos y su piel escamada, su cabello reseco y su cuerpo escuálido parte de la cicatriz de sus heridas creadas? Y en este escenario ¿cómo se concibe el cuerpo de cada uno de estos seres? ¿cuerpos desamparados y descuidados?

A través de los años, hemos encontrado en las historias y narraciones cotidianas, el concepto del cuerpo acomodado dependiendo del lugar donde se mueva cada individuo, y ese es el cambio dañino al que nos hemos sometido.

El cuerpo individual que se mueve libremente carece de conciencia física de los demás seres humanos. Pues es así como tratando de socializar al ser humano se ha logrado que sean excluidos y por esta razón existen lugares como Niquitao, que parecen estar tan cerca pero que la exclusión es tan infalible que se convierte en un mundo a distancia de los que creen ser aceptados.

¿Hasta dónde puede llegar el compromiso con estos niños? Esta es la pregunta que inquieta nuestras mentes, pues ellos a través de su cuerpo y sus marcas nos han confiado sus necesidades y sus verdaderos intereses.

Tenemos que recibir un estímulo externo que nos impresione; pero este ha sido dañino, síntoma de una sociedad enferma que los ha malformado, entonces ¿cómo podemos pedirles a ellos que expresen algo que no han percibido?

La posibilidad; crear un espacio pensado para ellos, en el que formen su cuerpo como una representación de lenguaje, como una experiencia de sí mismo indecible. Esto permitió tomar el teatro como fuente imprescindible para reivindicar, de algún modo, la sociedad transgresora, excluyente, en la que estos niños han estado inmersos. Experiencia que siempre se crea desde sus intereses, desde lo que realmente son. Teniendo presente que siempre han sido actores de unas historias dramáticas y llenas de decepciones; donde su única salida ha sido estar drogados; lacerar sus cuerpos logrando separarlos de la consciencia, y así, evadir un poco la terrible realidad.

Y es así como los niños manifiestan expresiones *como si duermo hasta las 12 del día, es una comida diaria que me ahorro. Si voy a la calle 40 y hago lo que me dice el taxista son $5000 pesos (*1.50 dólar) *o $10000 pesos que me gano.* El abuso y la explotación, son el pan de cada día y esto hace que me duela el alma.

Próximo a estas ideas, el sociólogo canadiense Goffman, nos habla de cómo el escenario teatral presenta hechos ficticios; la vida muestra, presumiblemente, hechos reales, que a veces no están bien ensayados.

Es así como el teatro ha sido una experiencia que estableció un sentido de realidad compartida, eran sus vivencias entrelazadas con mi experiencia como profesora, pero esa realidad no sería forzosamente efímera, en la medida en la que la experiencia tiene éxito; la realidad social no es sólo construida, sino reproducida y mantenida por diferentes caminos.

En esta relación conflictiva y como una experiencia de representar, el cuerpo de los niños del taller, es un sujeto que habla en múltiples formas, porque se da la posibilidad de lanzarse a otros escenarios; lugares no imaginados, donde el aprendizaje es más gratificante y significante con un cuerpo enajenado, pero siempre ellos, con máscaras que le dan la fórmula de expresarse con los otros, de impresionar y ser impresionados, de reinventarse.

Sus cuerpos y su individualidad siempre se hacen presentes en cada una de las propuestas del taller. Son los niños los que crean a través de cada juego y en medio de cada instrucción presentada.

Horas placidas y alegres. Hoy la propuesta es empezar la actividad jugando Pañuelito, es una actividad grupal donde se debe interactuar y se da la posibilidad de la socialización, de la complicidad y de la sana competencia, logrando que se acerquen las brechas formadas por odios y rabias que habitan en cada uno de estos pequeños seres humanos, aunque ellos no saben muy bien la razón de tanto desamor y resentimiento.

Para jugar libremente, se propone crear dos grupos de igual número de participantes donde el secreto para ganar es jugar en equipo y seguir instrucciones. Parece que se cierran las puertas del infierno y florecen las amarillas hojas del gigante árbol de Guayacán, que solo florece una vez en el año y solo durante ocho días, para luego dejar caer sus hojas y convertir el suelo en una hermosa alfombra amarilla.

Repentina y atravesadamente, se desnuda el mundo, los sorprendió la niñez perdida. En el aula, llamada la de los sueños; todo se transformó en una luz dorada, se encendió la antorcha del juego y se nos antojó un parque donde se pueda jugar para siempre.

Con todas estas experiencias, llegó el momento en que se evidenció, que sí había algo que los sorprendía y les recordaba la niñez hurtada. El juego, que se convirtió en escenario fabuloso, que les despertaba su mundo, los impresionaba. Ha sido una posibilidad, para los niños del taller y para las mismas maestras que los acompañamos en esta abstracta situación, para comprender la simbología del cuerpo en los niños de San Lorenzo-Niquitao.

El juego en el taller de teatro Titiritambo, es una experiencia donde se puede dejar de ser. La posibilidad de salir de sí: cambiar de familia, estatus, profesión. Es la posibilidad que tienen los jóvenes para separarse de sus vivencias, es decir, de tomar distancia y comprenderlas.

El teatro es un escenario de roles, en donde se inscriben en el juego de desdoblarse, de no ser cuerpos de experiencias aburridas, dolorosas; sino más bien, percibirse la posibilidad de crearlos alegres.

La importancia que cobra el juego en el taller, es la posibilidad de una proyección interna en los niños, donde sus historias sean dramatizadas, relatadas, es en esencia el retorno a lo que se constituye su ser.

Pues las realidades que estamos contando se hacen más bellas en el teatro. Pero desde el fondo son la historia de lo que estos niños son. Aquí sin duda, el cuerpo se desprende del interior, donde ha estado oculto y oscuro, es un renacer mediante el juego.

Así nació el juego en el taller. Era importante para los niños, lo reclamaban cada vez que llegaban a la escuela, necesitaban otro espacio lleno de amor y de aceptación. El desprecio por las normas, que en sus vidas eran irreales, carentes de sentido, que sólo les evocaban los hostigamientos de quien las ejecuta autoritariamente, hoy son necesarias e imprescindibles para el juego.

Es la primera vez, que los vemos atentos a escuchar para crear las reglas de cada juego; no sólo eso, adoptan la identidad seria, que les concede el derecho de hacerlas respetar, de reclamarlas a aquellos que quieren irrumpirlas.

Aquellos cuerpos que se dejaban ver como sombras, acá se dejan ver, oír con total transparencia. Esta metamorfosis se genera, en primer lugar, desde la mudanza de los escenarios del cuerpo, es decir, de aquellos espacios de conflicto, en que se han dado guerra, abandono, maltrato; por un nuevo escenario en que confluyen todas las experiencias humanas, responsables, armónicas, de cuidado y compromiso.

Reflexionamos sobre lo que está sucediendo, la acción pedagógica del juego como eje generador de agentes reflexivos, críticos y políticos; como ellos, en este espacio lúdico, se relacionan de otra manera con el mundo y conocen su realidad, es decir, lo resignifican, y ello va condicionando la forma de su discurso.

El teatro y dentro de éste el juego; están contribuyendo a los niños y especialmente a nosotros como docentes, en la formación y autoconstrucción política y personal. Es ahí donde el cuerpo se convierte en herramienta de participación, ya que ha sido éste, el que necesariamente expresa las divergencias discursivas y las diferentes visiones del mundo. Acá los niños como sujetos no están distanciados por completo de la participación crítica del taller y del saber.

Esto nos ha permitido conocer, que se hace indispensable, comprender el cuerpo y con él, el juego como un escenario en el proceso de concientización y la posibilidad de libertad; que garantiza el respeto por las diferencias de ideas y de posiciones; respeto que ha estado concebido, gracias a las experiencias vividas de los niños.

Relacionado con estos conceptos anteriores, el juego se despliega en un espacio muy distinto: espacio común, espacio de la calle y de los lugares de reunión, pero espacios en el que cada quien se desplaza libremente.

Ahora es el momento en que sus cuerpos vuelven a ser pequeños y libres, donde la libertad existe por primera vez, sus rostros llenos de alegría y sueños agradables; el desespero por consumir desaparece por unos minutos. Esta experiencia es enteramente agradable y llena de frutos, pues ésta sería nuestra arma secreta para cautivarlos y llevarlos a un reencuentro con su cuerpo.

Los días van pasando. Ellos, los jóvenes, se apropian del espacio; proponen y sugieren lo que quieren en él. Nosotras comenzamos a aproximarnos a sus necesidades, comprenderlas; ahora los vemos, y sabemos la urgencia que tienen de abandonar ese cuerpo cicatrizado y marcado; para recrearse, por primera vez, como: príncipes, princesas, guerreros, tigres, caballos, es decir, como sus propios héroes.

Así es como llega a nuestra memoria aquello que alguna vez se leyó en alguna página de algún libro de filosofía, sociología o pedagogía; para recordarnos que el juego es el único escenario donde te sientes libre en realidad y donde las reglas las cumples porque quieres, nunca son impuestas.

El taller de teatro Titiritambo, se cobró como ese escenario que posibilita el intercambio de relaciones afectivas, de acciones e ideas; de expresión de sentimientos profundos y naturales, que han dado rumbo a experimentar transformaciones, personales e íntimas, reflejadas en lo grupal. Este espacio, ha sido una posibilidad para que los niños del taller recreen relaciones más humanas y humanizadoras.

Porque sus rostros cambian al pasar por la puerta que los adentra a ese mundo lleno de hadas, de bosques, de duendes, y todos estos seres fantásticos dispuestos a formar en estos niños personas sociables, crédulas de sí mismos y de los demás.

Al abrirse esa puerta se encuentran con nosotras, maestras que de verdad creemos en ellos, que los acogemos solo porque nos interesan, y toda esta magia es percibida por sus ojos que por una o dos horas en el día brillan con esa esperanza e ingenuidad de cualquier chiquillo.

Pues nos han enseñado que solo por el hecho de ser niños deben ser felices y sus ojos por naturaleza deben ser brillantes. Pero hoy después de pasar por esta vivencia acompañada por un equipo de maestros, psicólogos y trabajadores sociales, llegamos a la conclusión que hemos estado engañados.

Esta definición generalizada de niñez no es real, que los niños por sólo el hecho de ser niños no son felices, que la vida los recibe de forma diferente a cada uno de ellos y que su futuro casi siempre ya está trazado según el entorno en el que se crece.

Entonces, todos los jueves aparecen esos rostros esperanzados y llenos de curiosidad por lo que vamos a hacer hoy, y por otro lado estamos nosotras a la expectativa de saber cómo están hoy, y con que los vamos a sorprender, ahora es una lucha constante, y aunque los encuentros son solo una vez por semana, todos los días son una constante para construir este espacio.

El respeto es ahora concebido por estos niños, tienen claro que en Titiritambo se les quiere, respeta tal y como son, pero que además se cree en ellos, las expectativas florecen de nuevo en esos ojos trastornados y golpeados por todo lo que ven en su diario existir.

Este taller que se edifica en una constante angustia y en un desasosiego, después de 10 meses más o menos nos va mostrando frutos.

Los niños se han encargado de que Titiritambo sea reconocido y respetado por todos los integrantes de la comunidad estudiantil, sobre todo por aquellos niños que aún no se han dejado alcanzar por nuestra propuesta y constantemente quieren sabotear el espacio, llegando al momento de iniciar las actividades no para participar de ellas, sino para reírse de lo que hacemos o solamente llevarse a algunos de los niños que constantemente hacen parte del taller de teatro.

Sin embargo, nos hemos encontrado con la sorpresa de que les gusta interpretar personajes de algunos de los cuentos que les leemos, y mientras vamos leyendo, la mayoría de ellos se van vistiendo con diferentes atuendos que tenemos en el taller y es así como se van saliendo de su realidad y viven su fantasía.

Después de mucho pensarlo decidimos que había llegado el momento de salir de aquellas cuatro paredes que conforman el aula de los sueños, en donde está ubicado nuestro taller y planteamos la posibilidad de no seguir improvisando con la puesta en escena de uno de sus cuentos preferidos, *La piel de asno*.

Ha sido su experiencia favorita, pero ahora lo que queremos es montar una obra de teatro que pueda mostrar algo de la realidad de los niños habitantes de Niquitao, y planear juntos, trabajar juntos y entregarles la responsabilidad de presentarla en teatros de la ciudad. Es este el deseo desde el corazón de todo el equipo.

Como era de esperarse esto los asusto mucho y a nosotras las maestras nos espantaba la idea de la responsabilidad que se nos venía encima, pero al mismo tiempo la esperanza de exponer el teatro como una nueva forma de subsistencia, además de acercarlos por primera vez a esa otra cara de la sociedad, a la que solo conocen en las noches cuando se arriman a venderles rosas o cajas de chicle.

Estas personas que sus gestos les demuestran que no pertenecen al mismo sitio, que están viviendo en el mismo lugar pero que los hacen sentir diferentes, despreciados, abandonados y mil veces excluidos. Pero el objetivo es darles la esperanza y las ganas de creer en ellos mismos teniendo claro lo especiales y fuertes que han sido.

Ahora, más animados que nunca, estos niños (10) y niñas (8), demuestran estar listos para empezar con el rodaje de esta propuesta de teatro.

Ensayos, lecturas, memoria, guiones, trabajo arduo y constante; los niños dispuestos y sus maestras estrenándose como directoras de teatro, permitiendo un acercamiento más íntimo con ellos, pues todas las sugerencias que ellos quieran dar son bienvenidas y nos sorprenden con las grandes ideas que tienen esos seres llenos de inteligencia y creatividad.

Nuestro primer reto es llevarlos a una obra de teatro; entonces ellos comienzan a preguntarse qué tanto creemos en ellos como para llevarlos a donde nunca nadie los ha querido llevar, salir del barrio con 18 niños y presentarlos a ese mundo que no conocen, al menos no de día, explicarles cómo se deben comportar y creer en ellos, no sería una tarea fácil.

Nos encontramos con los niños en la puerta del colegio y sus ojos comienzan a irradiar lo que nunca habíamos percibido, agradecimiento, solo por creer en ellos. Estuvimos en un teatro en el centro de la ciudad de Medellín, Teatro Caja Negra, así es el nombre, el comportamiento fue genial se portaron muy bien, pusieron atención, fueron educados, personas decentes y muy obedientes, que hermosos son estos seres. Y se logra el objetivo de mostrarles una obra de teatro.

Todo transcurre bien y somos muy felices cada vez que nos reunimos en Titiritambo, ensayamos y soñamos, pero la vida no es tan ideal. Por estos días Lina no quiere ensayar, asiste a los ensayos, pero solo quiere dormir, cuando le preguntamos, sólo contesta que trabajó hasta las cinco de la mañana y volvemos a caer en la desesperanza de no suplir sus necesidades inmediatas.

Y al observarla con sus ojos desvariando, y su aspecto descuidado y casi dormido, hace una mueca de desolación y pocas ganas de vivir, una mala jugada del destino nos recuerda que ese será un cuerpo perdido, no se podrá rescatar y la angustia me invade.

Mi deseo más profundo es sacar a Lina de las calles, no concibo la idea de que una niña llegue a la vida solo a sufrir, que la vida misma se ensañe en ella hasta verla arrastrarse por el piso, ya sin poder separar el hambre de la droga, la desesperanza o simplemente de las ganas de no estar más aquí en este mundo.

Este cuerpo que me perturbó por la idea absurda de no poder hacer nada por ella, me llevó a necesitar la orientación y la ayuda de algún psicólogo de la universidad, pasando por un proceso difícil de aceptación y de resignación.

Lina, había sido mi ocupación y preocupación desde que inicie mi practica pedagógica y continuaba siendo un mundo oculto y desconocido, ella no estaba dispuesta a salir de la realidad que conocía desde su nacimiento. Que difícil fue entender que tenía que soltar la idea de salvar a Lina de su destino.

Para el resto de los integrantes, el teatro se convirtió en su aliciente, y la obra de teatro en su futuro más próximo, pero ellos no comen teatro, no pagan la pieza con los ensayos y esta realidad nos hace flaquear.

Podemos observar que Titiritambo es su querer estar en la escuela, y escuchar palabras de su boca diciendo: *Lo mejor de este colegio, es Titiritambo,* al preguntarle ¿por qué? Ellos responden, *porque allá los amigos me respetan y no me dicen perra.* Este es el mejor de los combustibles para seguir trabajando por esos niños.

Titiritambo, todos lo conocen, pero pocos se quedaron. Estamos a final de año, y seguimos firmes con el propósito inicial, presentar *Las piedras de Troya* así se llama la obra teatral que hemos estado ensayando y trabajando para presentarla en público. Pero los niños van y vienen, pues reconocemos nuevamente que su vida se compone de un día a día, la idea les gusta, se tratan de apasionar, pero llega el fin de semana y todas estas ideas salen volando de su cabeza para desvanecerse como burbujas de jabón.

Son las diez y llegamos por nuestros actores y actrices, pues es hora de escoger quiénes están realmente comprometidos y quiénes se han aprendido el papel que les corresponde.

Pero de una manera abrupta nos damos cuenta que Jessica, esa niña de cabello rubio, pequeñita y con una sonrisa de invencibilidad, desde hace un mes no se aparece por el colegio. Golpe bajo, con esta cachetada nos damos cuenta que el sistema nos acoge y que como todos los demás ni siquiera habíamos advertido la ausencia de esa carita.

Pero lo que sí es realmente impactante es la razón de su inasistencia: fueron siete puñaladas las que le propinaron en su pequeño cuerpo, pues son *pagos del oficio*, estaba en la calle 40 trabajando, la calle donde los hombres van a buscar a niñas que les vendan un rato de sexo oral o que se dejen hacer cosas infames solo por un bajo costo.

Y por ella no dejarse quitar los pesos que había ganado en ese rato, fruto de su trabajo, fue agredida brutalmente por otras chicas que trabajan también en esa esquina, pero ahora sus heridas no sanan, pues su alto nivel de consumo de sacol y bazuca (es la mezcla de cocaína y heroína de baja calidad) dejan el cuerpo sin defensas.

Esta es la historia de Jessica y su familia, contada por su hermanita, Luisa quien tiene 9 años:

Es un día como cualquiera estamos en el aula de los sueños ensayando porque los días pasan y el estreno de la obra de teatro se va acercando. Hoy también hay caras nuevas y nuestra mirada se centra en unos ojos vivos y saltones que parecían estar indagando qué pasaba allí y por qué ella no estaba formando parte de eso que era tan divertido.

Era Luisa, lo supimos cuando se acercó para preguntar como lo hacen todos los niños, algo era seguro no se quería ir, brotaba de sus ojos un destello de ahogamiento y de necesidad de desatar algunas palabras con las profesoras que estaban ahí sentadas, que nada o mucho podrían hacer algo por ella.

Pero por el momento solo importaba poder hablar teniendo a alguien que solo escuchara; estamos sentadas con ella en medio del salón y con una inocencia inherente a su cuerpo empieza su relato:

Hola profe, yo soy Luisa, yo nunca había estado aquí pues no sabía que era para jugar, pero quiero seguir viniendo, porque yo vivo en el inquilinato del frente y me queda muy fácil venir, además en mi casa no se dan cuenta si llego o no. Entonces le hago una pregunta.

¿Con quién vives? con mi mamá que tiene un bebecito como de dos meses, mi hermanita Mónica que también tiene un bebé, yo creo que ese tiene por ahí 4 meses, con otra hermanita que estudia aquí se llama Jessica, usted sabe a la que le metieron como siete puñaladas, profe usted la conoce ella ha venido al teatro, la que está en procesos, ella tiene 13 años y Mónica 16, también tengo un hermanito que tiene como 12 pero él es más sacolero y una hermana mayor Andrea que vive en los puentes, pues la metedera de vicio la volvió una habitante de la calle.

¿Qué le pasó a Jessica, por qué le metieron esas puñaladas? ah profe pues ella trabaja en la 40 con Lina usted sabe ellas se dejan tocar el cuerpo y se lo dejan meter de los hombres así trabajan para tener plata, mi hermanita Mónica también trabaja allá porque o si no quien le compra las cosas al niño, claro profe que ella cuando llega por la mañana se limpia bien la teta para poderle dar leche al niño, porque mi mamá de donde le va dar plata para comprarle pañales, ella tiene que trabajar. Ah entonces, ese día a Jessica le fue muy bien y había

ganado más plata que las otras, y como se la iban a quitar y ella no se dejó, la chuzaron; que malparidas tan descaradas si mi hermanita ya se la había ganado.

Porque profe cuando pueden ellas se lo chupan a los hombres y por cada chupada cobran $500 pesos. Eso fue lo que pasó, por eso ella hacía un mes que no venía a estudiar, además como ella chupa tanto sacol esas heridas no se le quieren curar y las tiene todas moradas e hinchadas. Y mi mamá les dice a todos que no chupen tanto de eso que le va hacer daño, además profe eso las enloquece y empiezan a insultar a mi mamá y a tirar todo lo de la pieza.

¿Y tú también chupas sacol? Le pregunte. *Ya no profe, primero sí, pero hace mucho tiempo que no, para ponerme toda engalochada* (drogada) *como las veo a ellas y no ve que los del combo dijeron que al que vieran tirando sacol por fuera de la pieza le iban a pegar y a las mujeres las violan y después las matan.*

Pero vea profe por la placita de flores hay un señor que es un zapatero y se llama Pacho, y cuando uno quiere plata va donde él y se deja tocar el cuerpo y él le pone eso entre las piernas hasta que él diga y le da a uno $5.000 y esa plata profe sirve, además no se lo tiene que dejar meter solamente se deja tocar el cuerpo, yo no soy como Jessica y Lina que se lo dejan meter y vea profe como Lina tenía gonorrea y Jessica le dijo que le prestara unos calzones para irse a trabajar, pues por ponerse los mismos calzones se le pego la gonorrea a ella también y tiene que ir donde el médico porque le sale materia por la vagina, ella me mostró lo que le estaba saliendo. Bueno profe ya me tengo que ir, el jueves vuelvo.

Y nos quedamos ahí, sentadas, estupefactas e indignadas al escuchar una cruda realidad de boca de una pequeña niña que debería estar solo jugando con sus amigas y estudiando. Pero no es así, y de nuevo nos sacude el contexto de esta historia cruda y cercana.

Entonces, después del asombro conversamos entre las maestras y de nuevo nos alentamos las unas a las otras para no desfallecer en ese proyecto teatral y así le ganaríamos la apuesta al entorno malvado y despiadado en el que habitaban estos seres, para presentarlos a la sociedad como niños que se visten de guerreros, princesas y gladiadores, peleando una guerra menos cruel que su propia vida.

CAPÍTULO 7

El efecto de vulnerabilidad en la condición humana

Llegó el momento del lanzamiento de Las Piedras de Troya, nuestra obra de teatro, creada a pulso, con las uñas, con ilusión, con convencimiento, con timidez, con dolor y valentía. Estos protagonistas que hasta unos meses atrás no creían ser parte de la sociedad diurna que conocen a penas desde lejos, ahora son dueños de sus sueños e ilusiones y están plenamente convencidos que pueden creer, soñar, y atraer todo lo que se propongan.

Ahora sí, puestos en escena, todo está debidamente ensayado y bien programado, ya pronto estaremos en el teatro, no como espectadores sino como protagonistas.

El teatro en el que se presenta la obra se llama Comfama, es una entidad del gobierno, y está ubicado muy cerca de Niquitao, esto los pone muy nerviosos, pues invitamos a toda la comunidad y a sus familias, esperamos que sus padres, hermanos, abuelos puedan llegar hasta aquí y que les den esta pequeña muestra de amor. Ellos están hermosos, se miran al espejo y se sorprenden, sus ojos brillan y se borran al menos por unas horas todas esas cicatrices adquiridas en su cuerpo durante su corta vida.

Las maestras también estábamos felices y comprometidas, y de alguna forma cada una de nosotras involucramos a nuestros seres queridos, de tal manera, que el teatro estaba totalmente lleno de muchos de nuestros familiares.

Desafortunadamente algunas familias de los niños no llegaron a verlos y sus caritas dejaban ver la búsqueda que hacían dentro de la multitud del público, pero también les dejamos saber que todas esas personas estaban esa tarde ahí prestando toda la atención a su presentación y eran ellos las almas más importantes del momento.

Llega la hora de demostrarle a toda la sociedad lo que hemos logrado durante este año lleno de angustias, satisfacciones, y tropiezos. Todo sale de maravilla, ellos lo hicieron muy bien, y fueron aplaudidos por el público que se puso en pie al ver tanta creatividad y compromiso, las lágrimas protagonizaron ese hermoso espacio. Y ese momento constituyó una unión leal entre los niños y niñas de Niquitao y sus maestras de la Universidad de Antioquia.

Habíamos indagado días atrás sobre cómo poder compensar a los chicos por tanto trabajo y compromiso durante el año, pero nos hicieron saber que no debíamos regalarles cosas materiales porque sería un riesgo, pues, tenis, jeans o cualquier cosa que ellos tuvieran nueva podría ser motivo para que sus padres, familiares, vecinos o amigos se los quitaran y lo cambiaran por vicio o por pegante.

De tal manera que el dinero que se recogió al finalizar la obra lo utilizamos para ir con ellos a un restaurante y compartir juntos una sabrosa comida para agradecer así por todo lo vivido. Al día siguiente estuvimos todos en un parque de diversiones donde fuimos muy felices, tanto los niños, las niñas y las maestras en formación, pero había llegado el momento de entregar el taller al colegio y de seguir el camino hacia la graduación y a explorar otros lugares y a otros seres. Llegaba el momento también de dejar ese cuerpo que habíamos encontrado en Niquitao y que de alguna manera se había transformado, para convertirse en un acumulador de sueños y esperanzas. Pero esas personitas que encontramos, también debían emprender un nuevo camino y dar cuenta de lo que cada cuerpo pudo absorber y plasmar en su piel como una cicatriz.

Y aún convencidos de que todo se trata de amor y confianza, también con luto en el alma se llega a la conclusión de que no todos los cuerpos se salvan, de que hay que dejar ir algunos de ellos que definitivamente no se terminan convenciendo que hay otras maneras de sobrevivir y que hay un horizonte más allá del que se puede observar al frente de esos inquilinatos y de esas casas de vicios.

El cuerpo, ese personaje que he venido mencionando en los capítulos anteriores, el que se encontró en Niquitao y del cual no pudimos escapar, porque estaba allí, porque pertenecía a ellos.

Ahora en la conclusión de este libro voy a narrarles a ustedes, como a través de los años y de las diferentes civilizaciones, el cuerpo sigue siendo un mismo protagonista en contextos diferentes.

Estoy hablando del Cuerpo y no de los cuerpos. El Cuerpo colectivo como concepto, como personaje, esa esencia que va más allá del físico y que se remonta a lo espiritual.

Ese es el vacío que se encuentra en Niquitao, el sentimiento colectivo del lugar incluye todo lo que se respira desde las estructuras hasta las personas que viven allí. Pudiera ser un Cuerpo holístico, pero no es, porque está enfermo.

El Cuerpo ha sido separado de su alma, está desierto, violentado, desfigurado y por ende fragmentado. Son esos fragmentos los que se detectan al caminar las calles, es necesario unir cada una de las partes para confabular de nuevo la belleza de la que se hablaba en la antigüedad.

Pues para los griegos, un cuerpo hermoso era considerado la evidencia de una mente hermosa. Ser agradable a la vista y por ende ser buena persona. Pero no era esa concepción ni ese conjunto de cualidades lo que se hallaba en ese lugar. Cuerpo se había perdido y con él la mente y la razón, es decir, el sentido de la vida misma.

CAPÍTULO 8

Cuerpo: La problemática social y el absoluto abandono

Soy ser vivo, soy Dios, hombre y espíritu. Alma presente y sensible. Soy eterno. Puro y libre.

Así se vio en aquellos días de la antigüedad. Los maestros griegos se inclinaron a pensar que era cierto. En verdad todos los filósofos, desde Tales hasta Aristóteles coincidieron en contar que vimos caminar a *cuerpo* más allá que un simple organismo biológico; siempre nuestro pensamiento enfatizó en su libertad, es más, nuestra *Paideia* (entendida para los griegos como la crianza y la transmisión de valores), se confió a las escuelas y se acentuó cada vez más en la calle y la ciudad.

Nos inspiró una filosofía política cuyo fin esencial fue construir ciudadanos. Fue allí donde se aprendió que cuerpo era parte de una colectividad más amplia, llamada la *Polis*, que significa para los griegos una ciudad, Estado o territorio; perteneciente a la ciudad. Su espontaneidad en nuestra Grecia clásica se problematizó en relación con el mantenimiento de su alma. *El cuerpo* se centraba en las actividades del espíritu, alma, psiquis, es decir, de su mente. Sí, era una de sus cualidades más sorprendentes, además confió un interés particular al cuerpo, desarrolló su propia manera de vivir: un modo que estuvo relacionado con su forma de alimentarse, de dormir, de ejercitarse; siempre procurando su salud. Pues, si estaba fuerte, se le reconocía en nuestra ciudad como un buen guerrero; tuvo su voz educada, lo que le garantizó participar en los asuntos públicos.

Fue entonces al pasar el tiempo que cambiaron las concepciones. Justamente en la época del siglo XV en que se desató la catástrofe. Un día, un viejo filósofo griego, se levantó triste y sorprendido, el viento le mostró el desastre, mientras dormía, su pensamiento anduvo muchos años y le trajo un ser ajeno, aunque en recuerdos conservaba su ser fuerte. Emocionado, intentó mirarse en las diáfanas aguas: ¡*cómo ha podido ser!*, *la muerte ha alcanzado mis pasos*. Desnudo y expuesto, se sintió ridículo.

Es tarde y suenan las campanas. *Cuerpo* con su alma sombría, en su desvarío, vio la ausencia de dioses, sólo encontró rostros crucificados. Desde que Cristo se pasó por tierra, *cuerpo* se tornó a carne, prisionero y loco. Ahora no come, no duerme, no piensa, está débil y sumiso. Perdió la herencia de sus ancestros, la libertad. Es constantemente vigilado.

Al apreciarlo, después de todo ese tiempo, hubo muchas opiniones encontradas. Foucault, un filósofo contemporáneo, estudioso por mucho tiempo de *Cuerpo*, afirmó que: los cristianos lo han concebido desde una reflexión totalmente opuesta a la concepción griega.

El *cuerpo* se mantenía libre y sano, porque según los griegos, su mala salud lo llevaba al desvarío, desaliento, mal humor, y a la locura, entonces terminaba por lanzar los conocimientos adquiridos. Ahora, esta nueva perspectiva cristiana lo ha inventado como la prisión del alma, visión negativa que reforzaron con la idea del pecado; lo que, llevó a una educación enfocada en apartar a *cuerpo* de las tentaciones corporales y permitirle vivir una vida *limpia* aislada de la experiencia corporal. Todo lo anterior abrió paso a la separación del alma y *cuerpo*, de tal forma que se castigó a *cuerpo* para lograr disciplinarlo, y con ello, alcanzar manejar tanto mente y alma, precisamente el poder en *cuerpo*, fue ejercido de una manera sutil, para poder engañarlo dándole a entender a su ser, que todo se hacía por su propio bien. Entonces, crearon la necesidad de organizar sus estructuras, de tal manera que fue posible vigilarlo, inspección que funciona sin cesar.

La mirada está por doquier, en movimiento, es la nueva forma para verificar la desobediencia de *cuerpo* y la imperiosa necesidad de ponerlo en filas de la buena instrucción. Pero siempre le han dejado claro que es por su bienestar. Fue así como le instauraron nuevas reglas de conducta. De esto nos habló Foucault, que *cuerpo reapareció como individuo, y está constantemente localizado, examinado y distribuido entre los vivos, los enfermos y los muertos todo esto lo constituyó como un modelo compacto del dispositivo disciplinario.*

Ahora, oscuras líneas marcan su rostro, le han negado su otra vida; censurado, descompuesto, invadido. La maldad contemporánea lo ha maquinizado. Esto muestra cuerpo, a sus hermanos que están naciendo, que serán víctimas de las incontables muertes. El viejo filósofo, después de los años conoce lo que es una jaula. Si alguna vez acarició la libertad, cantó y voló, pues fue alma y cuerpo. Ahora, su sangre se separa, el alma está ausente, de tal forma se castigó a *Cuerpo*, por ser gozo, delito, cárcel. Dentro de sí, estas mentes nuevas le han incrustado en las entrañas, un dios terrible, de dolor y angustia.

Entre los teóricos y contempladores del arte, se conocía este dolor. Los que apreciaban a *cuerpo*, lo notaban distinto y ausente. Un preceptor de estética, lo vio muchas veces, como *cuerpo*, color y pintura.

Como hombre versado en estas expresiones, lo observó en carne. Contó que todo él, era un tejido de dolor y sufrimiento. Todo *cuerpo* como un cataclismo o tal vez como una minucia descriptiva dividida, deshecha y laminada, sin abandonar la precisa descripción de ese deterioro de la carne. El *cuerpo* fragmentado en pedazos no es unión, es fetiche, político, ideológico, como una inscripción sexual, quizás como un texto.

Su presencia exacerbada impone un desbordamiento al discurso que se dice en su obsesión de componer y descomponer (conservar-destruir) a *cuerpo* como máquina, laberinto, base escritural, zona de una invasión continua que lo ocupa por incisión, es entonces ese campo de su propia (re) producción como conflicto.

Se halla en una exposición que indica la incidencia del sujeto en el lenguaje a través de una conducta o un proceder. Como un texto, un signo. Conducta sostenida o reproducida por una tradición histórica, cultural, política, mítica. Configurándose como una representación, un teatro.

Se creyó que toda la simbología de *cuerpo*, debió de estar vinculada directamente con el proceder subconsciente de su sujeto; por lo que, a sus gestos, matices fisonomía se refería. Lo que le significó que cualquier expresión corporal estaba relacionada con lo real de su entorno y lo que el *cuerpo* representaba. Así fuimos testigos en los capítulos anteriores, como *cuerpo* fue metamorfoseado por el efecto que sobre él ejerció el entorno. Sí, así lo veo, como una figura significante. Es espejo del mundo.

Fue tal la atención provocada en los estudiosos, por estas miradas, que hubo manifestaciones de otros teóricos; en este sentido, se encontraba Goffman, un importante sociólogo del siglo XX, que expresó: *a Cuerpo lo han estigmatizado, es decir, la intervención de las prácticas sociales, lo marcaron y negaron como sujeto; le impidieron su formación y transformación pedagógica.*

Inmersas en este ejercicio encontramos las prácticas en la escuela, su disciplina siempre ha caído sobre *cuerpo*, marcándolo y expulsándolo.

Aunque en verdad, *cuerpo* recuerda ser adorado por los dioses, que lo comprenden y entienden, que le han otorgado bellos regalos: le han dado una piel encendida, para sentir y extender caricias; una boca roja, para llamar en el silencio, tocar los besos; unos brillantes ojos, que persiguen reflejos y encienden cuerpos; dos caracoles le dieron, para escuchar el mar viajero; y un olor frágil, que hurta los recuerdos y los guarda en la memoria. Es *Cuerpo* bello.

Se siente el viejo sabio desconsolado, un día, *Cuerpo* magnánimo; ahora, terrible reflejo. *Cuerpo* triste huye lejos.

La mañana toca en su punto. El sol se ha ido remontando lentamente y brilla en su plenitud. Desde la carencia de los límites, como quien ha llevado los ojos vendados; nos proponemos buscar a *cuerpo*, su vida, como suele suceder en San Lorenzo-Niquitao.

Ahí está, como un escenario olvidado, cuando se le pregunta del tiempo en que vive, su ser está ahí como un espejo perturbador, en el que nadie desea mirarse. Es *cuerpo*, es su individualidad, pero también son todos los cuerpos y no es nada.

Es escenario, él mismo tiene sentido en relación con los otros cuerpos, en cuanto se ha construido con cada gesto y cada expresión. Es escenario, puesto que mediante la combinación de posibilidades indefinidas se permitió ser; sea en un tiempo, un espacio; pero ha tenido sentido en cuanto su idea se ha hecho en la sociedad.

Aguarda en la calle, que es su escuela. Como un condenado, establece sus únicas experiencias allí. Sus construcciones simbólicas las acoge de sus vivencias, de su diario conocer. Su vida cae con cada atardecer. Efímera.

El futuro se desvanece; y así el cuidado de *cuerpo* es mudo, no importa, porque para él, desnudo y con hambre, el dolor y muerte de su fisionomía desarticulada e identificada con la basura social, le hacen creer que sí es así.

Que ese es el lugar que le corresponde. Entonces, sólo le queda el deseo y la vehemencia por sobrevivir esa noche con su luna, se convierte en ingreso y soporte carnal; hundiéndose en la turba de drogas y abuso. Convencido de que, mañana será otro día.

Lo vimos durante días, sentado en las aceras, acostado en el piso, o mendigando en la calle, vestido con harapos viejos y sucios. *Cuerpo*, realmente, lo pudimos distinguir como una figura histórica, encadenado a la experiencia de ese contexto de Niquitao, fue allí, donde vimos sus prácticas y desarrollar sus relaciones.

Un día, quisimos comprender cuáles eran sus formas de relaciones más expresivas, las que le permitían a *cuerpo* sobrevivir y ser reconocido socialmente, en estas calles. No fue fácil, esto nos exigió desenterrar algunos preceptos que habían estado presentes y así lograr establecer dichas relaciones. Hubo que precisar a cuerpo en

Niquitao, lo encontramos enmarcado dentro de los límites de la utilidad, rechazo y olvido, vimos cómo era juzgado y excluido.

Las personas conservan en sus rostros las marcas de las calles que habitan, de sus casas y habitaciones. Este tratamiento lo padeció *cuerpo*, el contexto exterior se metamorfoseo en su fisionomía, su forma, marcas y color adquirieron una relación directa con su desarrollo mental y social.

Su transformación se desarrolló en sentido de sus hábitos cotidianos. Así se vio también los otros *cuerpos*, el de los niños, que también sufrieron estos tratamientos: un régimen dietético, que los privaba de dos comidas.

Luego el colegio, solventó un poco garantizándoles al menos una porción de comida durante el día. Ellos también duermen hasta tarde para ahorrarse la otra. Además, fueron aislados de los parques, cines, bibliotecas, teatros.

Casi siempre, se ahogan en las perversiones sexuales de los enemigos; noche y día son objeto de la maldad de la sociedad; quizá *cuerpo* encarna ese rencor y ese dolor con el que es tratado. Son cuerpos pequeños, pobres, impotentes, enfermos y vendidos; pero también son bondadosos, fraternales, protectores y luchadores. Son niños.

El tiempo se ha deslizado rápidamente; hemos transcurrido por este contexto vulnerado, donde los derechos son opacados y las condiciones de vida, inhumanas. Estás han sido las formas de relaciones que se han dado, tanto en los habitantes del sector San Lorenzo en general y en los jóvenes del proyecto en particular, todas atienden a una experiencia de manifestaciones históricamente singulares.

Ya sea por el rechazo, las fricciones, las drogas y la vulnerabilidad en las que están inherentes; escuchamos sus prácticas discursivas, permeadas por dichas relaciones y conflictos. Entonces, comprendemos como el lenguaje se convierte en una herramienta temeraria, un arma de defensa y agresión.

El propio *cuerpo* como escenario de intercambios, portador de unas realidades vivenciales, estableció defensas que en la mayoría de las veces lo libra de su consciencia, de esa relación recíproca entre sujeto y consciencia. Distanciamiento que de alguna manera protege su ser.

Cuerpo ha abandonado su alma, sus prácticas lo arrojaron de su ser. En este contexto, donde la sociedad lo somete y lo limita a un plano totalitario, objeto instrumental, sin posibilidad de lenguajes propios. Se ve deshumanizado, y esto lo ha hecho la sociedad y la cultura.

Tal como lo menciona en su libro Goffman, no *obstante, el cuerpo se debe comprender desde la relación directa que se establece con la sociedad, es ella quien determina el rol y el estatus que estos cuerpos desarrollan en su cotidianidad.*

Es así como lo vivido, lo pensado y lo dicho se va integrando al cuerpo. Los innumerables movimientos del cuerpo durante la interacción gestos, mímicas, posturas, desplazamientos se arraigan en la afectividad de los individuos.

A imagen de la palabra enunciada o del silencio en una conversación, nunca son neutros o indiferentes, manifiestan una actitud moral frente al mundo y dan al discurso y al encuentro una musculatura que aumenta su significado.

Es cierto, ese proceso solicita igualmente la voz, el ritmo de la elocución, el juego de la mirada, y ninguna parte del hombre que habla o se calla escapa a la afirmación de su afectividad.

Y ha sido así como hemos hallado a *cuerpo*, alejado del medio social, experimentando conocimientos desafiantes, su sexualidad entregada o robada, pero siempre para sobrevivir, sujeto a la posibilidad de ingreso económico, por miedo al rechazo y al maltrato, sin discriminación de edad ni de sexo.

Es común ver a un niño/a de 8 años o quizá menos edad, sumidos en estas prácticas. No ha sido todo, en una escala histórica mucho más amplia.

La mendicidad marca a estos jóvenes, hay algunos niños que son alquilados para dicho efecto; las drogas que envuelve a los niños y deja en su cuerpo la huella de la agresividad y la incapacidad; los vuelve flojos, embotados, agobiados, incapaces, con la tez manchada, consumida, brusca, los miembros pesados, las piernas entumecidas de una debilidad extrema, en una palabra, casi perdidos por completo.

Se buscará la forma de retener este dialogo que se estableció entre *cuerpo* y Niquitao, con estas vivencias, tristes, sorprendentes, penosas, esperanzadoras y algunas felices.

Hemos descubierto su simbología, a partir de las experiencias que le han sido más significativas, en especial, las que han dado en su espacio y su tiempo que se han configurado como posibilidad expresiva.

Cuerpo nunca olvidará las veces en que fue amado, no olvidará a quién le proporcionó cierta felicidad, difícilmente lograda con una caricia franca a quién escuchó su llanto fuerte de impotencia y se duele de su infinita pena.

Y vernos a nosotras ahí, las más soñadoras, deseando atrapar en el aire perfumado todas las sensaciones, experiencias, rostros, sonrisas, miradas solo para no olvidarlas, para que en los momentos en que flaqueamos éstas nos ayuden a repensarnos y, nos den fuerzas para ser maestras.

Conclusión

Por alguna razón la parte más difícil de escribir este libro ha sido sentarme a pensar durante horas enteras en lo que esta narración ha causado en mi vida.

Como ya saben, este libro nació siendo un proyecto de tesis para obtener el título de Licenciada en Humanidades y Lengua Castellana, y el fin próximo era graduarme.

Pero cuando ingrese a Niquitao, ese objetivo cambio totalmente, ya graduarme no era una prioridad, lo realmente importante y urgente era conocer y ayudar a esos cuerpos encontrados que no pertenecían a nadie, que no le dolían a nadie; que ni aun el Estado sabía que ahí estaban, que ellos existían.

Los días de recorrido por las calles, la somnolencia de sus habitantes y el olor que emanaba el lugar, lograron desarrollar en mi otra personalidad que era desconocida. Me convertí en un salvavidas, que en la mayoría de las ocasiones los niños y niñas no se arriesgaban a tomar, y es por eso que la labor se convirtió en mi único objetivo y estar ahí con ellos todas las mañanas me llenaba el alma.

Durante 18 meses estos niños y niñas se convirtieron en mi familia, y me sentía en deuda con ellos, ya que, era el gobierno y la sociedad a la cual yo pertenecía quienes de alguna manera permitían estas formas de vida. Este sufrimiento de personas que se convierten en paisaje y que ya nadie hace nada por ellos.

Después de tantos años, en ocasiones vienen a mi mente sus rostros: Lina, César, Víctor, en fin, todos quedaron plasmados en mi memoria, siendo ellos la representación de las vidas que se siguen perdiendo en lugares como Niquitao, porque definitivamente en cada lugar del mundo existe un Niquitao, habitantes sin Dios ni Ley.

Pero con muchas cicatrices instauradas aun desde antes de nacer. Esos cuerpos que no tienen derecho a decidir, ni siquiera se imaginan qué hay oportunidades para salir de ahí, pues su propio linaje se encarga de convencerlos de que no hay otro modo, son años y años pasando los mismos trabajos de robo, tráfico de drogas y prostitución infantil.

Por lo anterior, si un día como hoy pudiera volver a verlos, les regalaría este libro para que se dieran cuenta de lo importante que son en mi vida y de la marca que dejaron en un grupo de estudiantes que creyó en ellos y que se aseguraron de que fueran reinas, princesas y guerreros, aunque fuera una vez en la vida.

Anhelo de todo corazón volver a saber de ellos y cual sería mi alegría al saber que alguno, tan solo uno de ellos salió de ese malvivir.

Con esta narración pretendo mostrarle al lector qué hay lugares como Niquitao muy cerca de cada uno de nosotros pero que los hacemos desconocidos, simplemente porque nos enseñaron a no pertenecer a ese lugar, en ocasiones se nos prohíbe hasta voltear la mirada a esas cuñas de horror, es mejor pasar de largo y no responsabilizarse por lo que ahí pasa.

Este libro pretende denunciar las malas prácticas de gobiernos que son capaces de convertir en invisible una realidad cruda y cotidiana. Es un llamado a la sociedad de doble moral que le compra dulces o flores a estos niños de la calle, solo con el fin de mitigar el tormento de su conciencia.

Desde este punto, solo Dios puede ayudarnos, aunque algunos de los habitantes manifiesten desde su desesperanza que *Dios hace ya mucho tiempo que se fue del lugar.*

Bibliografía

Foucault, M. (1986). *Vigilar y Castigar.* México, Siglo XXI.

Freire, P. (1993). *Pedagogía de la Esperanza.* México, XXI Siglo veintiuno editores.

Merleau-Ponty, M. (1985). *Fenomenología de la percepción, primera parte: el cuerpo.* Barcelona. Planeta Agustini.

Salabert, Pere. (1985). (D)efecto de la pintura. España. Anthropos Editorial.

Turner, B. (1989). *El cuerpo y la sociedad.* Madrid, editorial Alianza.

Le Breton, D. (1998). *Las pasiones ordinarias.* Buenos Aires. Nueva Visión

Goffman, E. (2003). *Estigma, la identidad deteriorada.* Buenos Aires. Amorrortu.

Biografía

Milena Marín, nace el 14 de noviembre de 1977 en la ciudad de Medellín, Colombia. Casada desde hace 28 años con un hombre que ha sido su compañero de vida y su socio en la buena crianza de sus hijas. Madre de Sara y Ana María, quienes le ponen un sentido de amor, perseverancia y color a su vida. Se define como un ser en constante aprendizaje y evolución.

Su formación académica se desarrolla en la ciudad de Medellín, recibiendo título profesional como Licenciada de Humanidades y Lengua Castellana de la Universidad de Antioquia en 2009.

Posteriormente realiza una Maestría en Literatura: Producción de textos e hipertextos de la Universidad Pontificia Bolivariana en 2015.

Plenamente convencida de la necesidad de tener a Dios en su camino y de ponerlo de frente en todos sus proyectos y metas, es una mujer que sabe y reconoce que sin la guía de ese ser supremo no hubiese podido alcanzar todos y cada uno de sus objetivos. Ahora a sus 45 años esta mujer se prepara para ser escritora y volcar su pasión por las letras en este mundo lleno de falencias y escaso de espiritualidad.

Made in the USA
Middletown, DE
01 October 2023